AF369580

TABLEAUX MODERNES

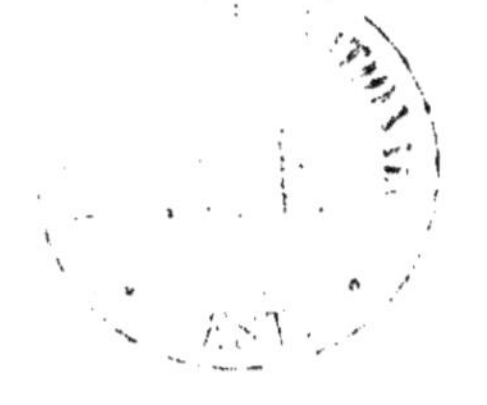

CONDITIONS DE LA VENTE

La vente sera faite au comptant.

Les acquéreurs payeront *dix pour cent* en sus des prix d'adjudication.

Paris. — Imp. Georges Petit, 12, rue Godot-de-Mauroi. - 13038-03.

CATALOGUE

DES

TABLEAUX

PAR

BOUDIN, JONGKIND, LÉPINE
SISLEY ET ZIEM

Composant la Collection de M. X...

ET DONT LA VENTE AURA LIEU

HOTEL DROUOT, SALLE N° 10

Le Samedi 25 Avril 1903

A TROIS HEURES

COMMISSAIRE-PRISEUR	EXPERT
Mᵉ PAUL CHEVALLIER	**M. GEORGES PETIT**
10, rue Grange-Batelière, 10	*12, rue Godot-de-Mauroi, 12*

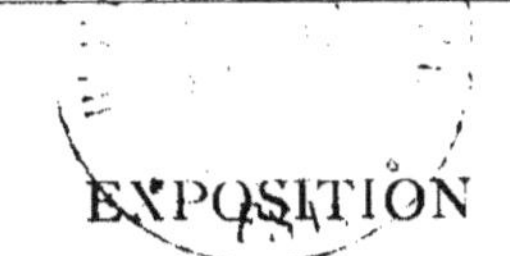

EXPOSITION

Le Vendredi 24 Avril 1903, de 1 h. 1/2 à 5 h. 1 2.

TABLEAUX

BOUDIN

1 — *Le Clocher du village.*

Le village a été construit sur un coude de la
rivière ; ses maisons, qui se perdent dans la ver-
dure sombre des arbres, sont dominées par un
clocher élancé, dont on aperçoit les cloches.

Sur la rivière, encore à quai, un bateau com-
mence à carguer ses voiles.

Au premier plan, quelques canards barbotent
près de la rive ; au fond, à gauche, l'horizon
dessine une ligne bleue, s'enlevant vigoureuse-
ment sur le ciel gris, tout chargé de nuages de
pluie.

Signé à droite, en bas.

Toile. Haut., 40 cent. 1/2; larg., 66 cent.

BOUDIN

2 — *La Plage de Berck.*

Sur la plage, où sont assises de nombreuses pêcheuses en jupes bleues et caracos noirs, sont échouées, à gauche, deux grosses barques de pêche, les mâts rabattus, les voiles carguées.

A droite, les jambes nues, d'autres pêcheuses encore : les unes attendent l'arrivée des barques que l'on voit poindre à l'horizon, les autres aident au débarquement des bateaux qui vont bientôt s'échouer sur le sable de la plage.

Le ciel est bleu, avec quelques nuages gris et blancs.

Signé à gauche, en bas, et daté : *Berck, 81*.

Toile. Haut., 46 cent. 1/2; larg., 65 cent. 1/2.

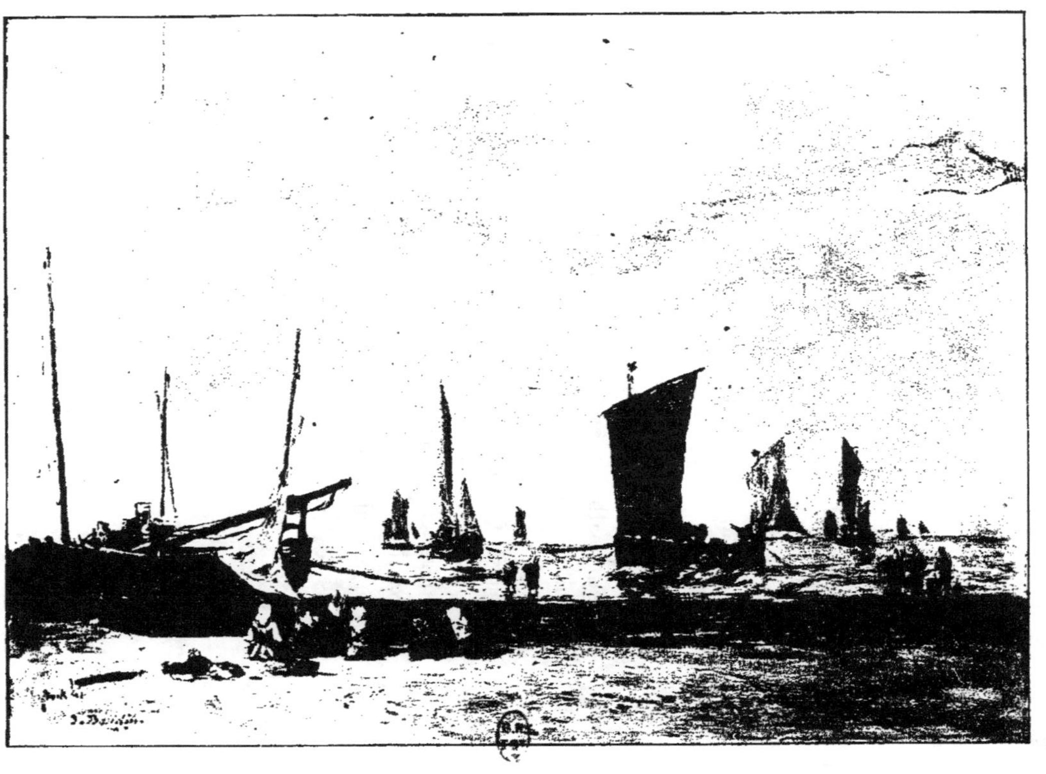

2 — BOUDIN. *La Plage de Berck.*

BOUDIN

3 — *Vue de Wandrecht, prise de Dor-*
   drecht.

La Meuse est bordée, au fond, par une ligne
d'arbres, à travers lesquels on aperçoit de nombreuses maisons coiffées de toits rouges.

A gauche, deux moulins dressent dans le ciel
leurs silhouettes noires et leurs grandes ailes aux
toiles repliées.

Sur la rivière, aux eaux calmes et tranquilles,
passent quelques bateaux à la coque brune,
ainsi qu'un train de bois conduit par deux mari-
niers, et tiré par une barque montée par un seul
batelier.

Le ciel est d'un bleu d'azur, taché par endroits
de nuées grisâtres.

Signé à gauche, en bas, et daté : *1884*.

Toile. Haut., 46 cent. 1/2 ; larg., 65 cent

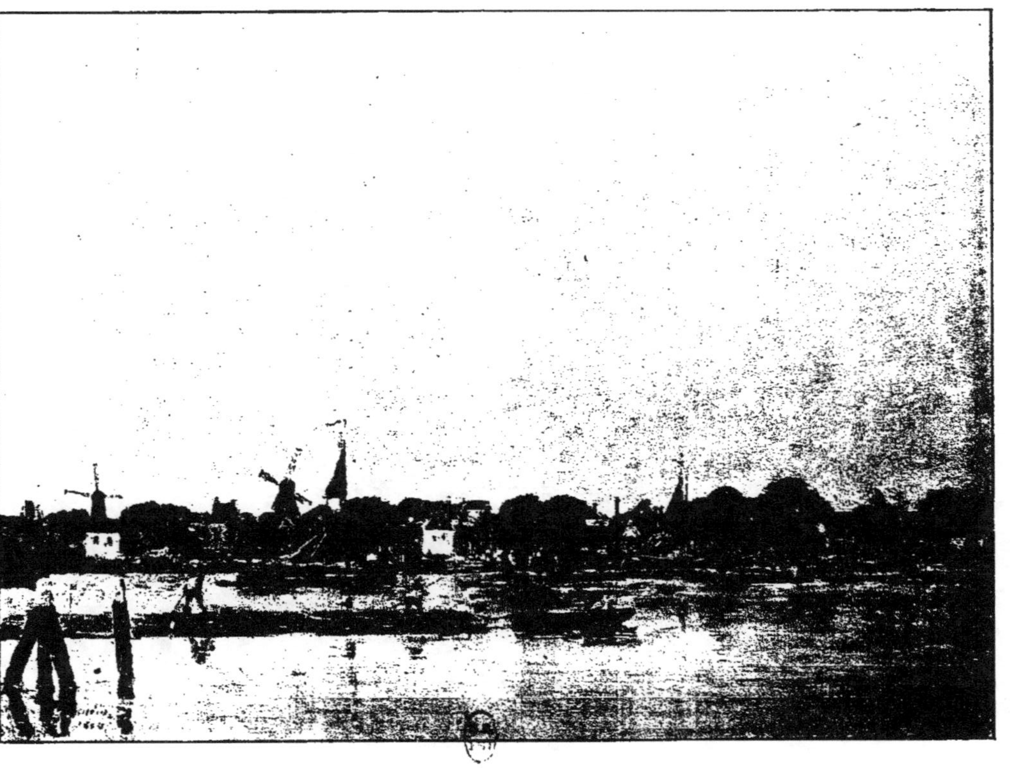

3 — BOUDIN. *Vue de Wandrecht, prise de Dordrecht.*

BOUDIN

4 — *Caudebec-en-Caux. Effet du matin.*

La Seine, toute embrouillardée des brumes du matin, dessine à cet endroit un coude, bordé à l'horizon par de hautes collines bleutées.

A droite, une berge verdoyante sur laquelle de grands arbres aux rameaux touffus se reflettent dans le fleuve ; puis, au premier plan, un quai en maçonnerie, sur lequel un homme est assis, tenant une ligne à la main.

A gauche, s'estompant dans la brume, les grands arbres de l'autre rive.

Sur la Seine, une barque noire à liston gris est montée par de nombreux promeneurs que conduit un batelier.

Signé à droite, en bas, et daté : *89*.

Toile. Haut., 51 cent.; larg., 75 cent.

BOUDIN

5 — *Un gros temps.*

La mer vient déferler en vagues moutonnantes sur les roches de la plage que l'on aperçoit à la droite.

Au fond, les collines qui bordent la baie, où naviguent quelques bâtiments à la carène blanche, sont noyées dans une vapeur grise.

Au ciel, courent rapides de gros nuages noirs, précurseurs de la tempête prochaine.

Signé à droite, en bas, et daté : *70.*

Panneau. Haut., 23 cent. 1/2; larg., 34 cent.

BOUDIN

6 — *Une Flotte dans l'Atlantique.*

A droite, une frégate de haut bord, à la coque noire et blanche, toutes voiles déployées, navigue de conserve, sous pavillon américain, avec d'autres bâtiments qui font des taches grises sur l'azuré du ciel.

La mer est tranquille et une brise légère fait à peine frisonner la surface de l'eau,

Signé à gauche, en bas.

Panneau. Haut.. 23 cent. 1/2; larg., 32 cent.

JONGKIND

7 — *Nadoorst Laan, à Rotterdam (Hollande).*

Un coin des faubourgs de Rotterdam.

Ici, le canal aux eaux peu profondes est bordé, à gauche, de constructions en planches, coiffées de toits rouges. Sur le pas de leurs portes, deux ménagères en bonnets du matin, les manches retroussées, causent de leurs petites affaires.

A droite, d'autres constructions, aussi pauvres, sont édifiées sur la berge où poussent de grands saules dont les branches surplombent le canal.

Sur le chemin, se rendant à leurs travaux, de nombreuses ouvrières de fabrique, ainsi que quelques hommes, dont l'un, les mains dans les poches, tient à la bouche une pipe dont il tire d'amoureuses bouffées.

Signé à gauche, en bas, et daté : *1869.*

Toile. Haut., 42 cent. 1/2 ; larg., 56 cent.

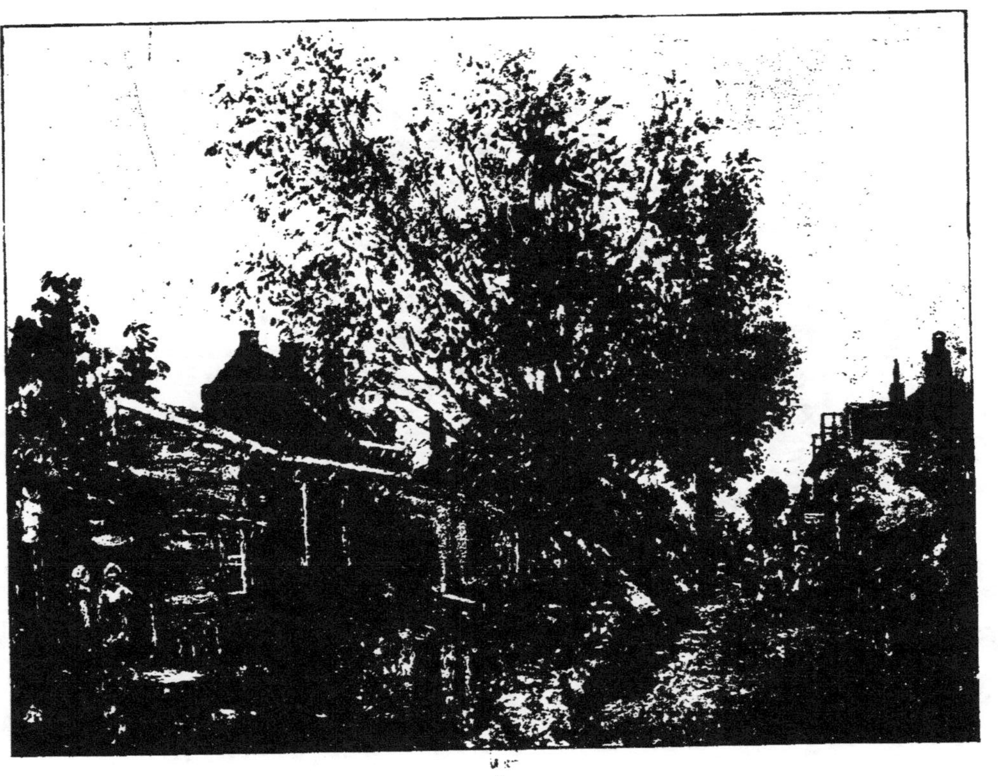

7 — JONGKIND. — *Nadoorst Laan, à Rotterdam (Hollande).*

LÉPINE

8 — *Le Canal, à Ouistreham.*

Sur le canal, dont les eaux bleutées reflètent la
lumière de la lune, une grosse barque de pêche
est arrêtée. Ses deux mâts sont dépouillés de
leurs voiles.

A gauche, une berge verdoyante, sur laquelle
deux hommes sont assis.

Au premier plan, un homme, muni d'une gaffe,
ramène au rivage des troncs d'arbres flottants
sur le canal.

A droite, sur l'autre rive, quelques maisons
aux toits de chaume ; puis, à l'horizon, la ville
de Caen, avec le clocher de sa cathédrale, s'estompant dans le ciel où brille, de tout son éclat,
le disque argenté de la lune.

Signé à gauche, en bas.

Haut., 38 cent. ; larg., 55 cent.

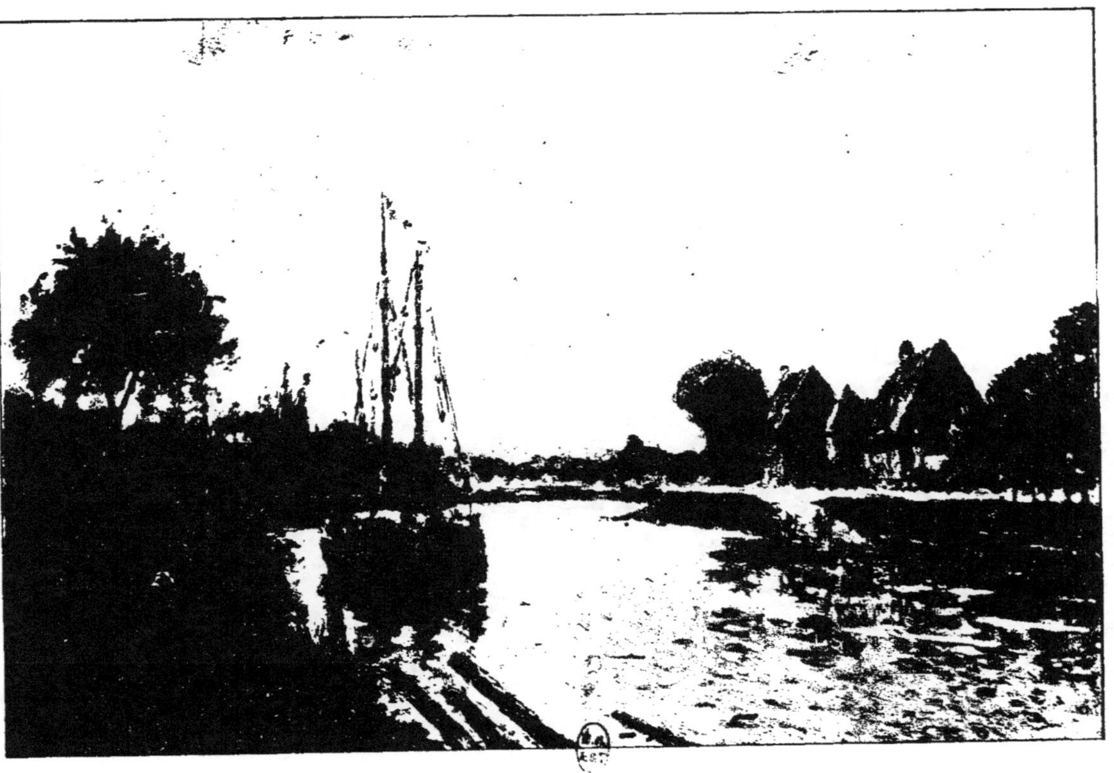

8 — LÉPINE. *Le Canal, à Ouistreham.*

SISLEY

9 — *Matinée d'été, à Moret.*

Au premier plan, une prairie verdoyante, ombragée par de grands arbres aux rameaux touffus.

Au fond, le pont, sur lequel s'élèvent deux maisons, aux murs jaunes, cintre ses cinq arches au-dessus des eaux transparentes de la rivière.

A gauche, un moulin, au pied duquel viennent boire deux vaches, conduites par une femme à jupe bleue.

Signé à gauche, en bas, et daté : 88.

Haut., 46 cent.; larg., 56 cent

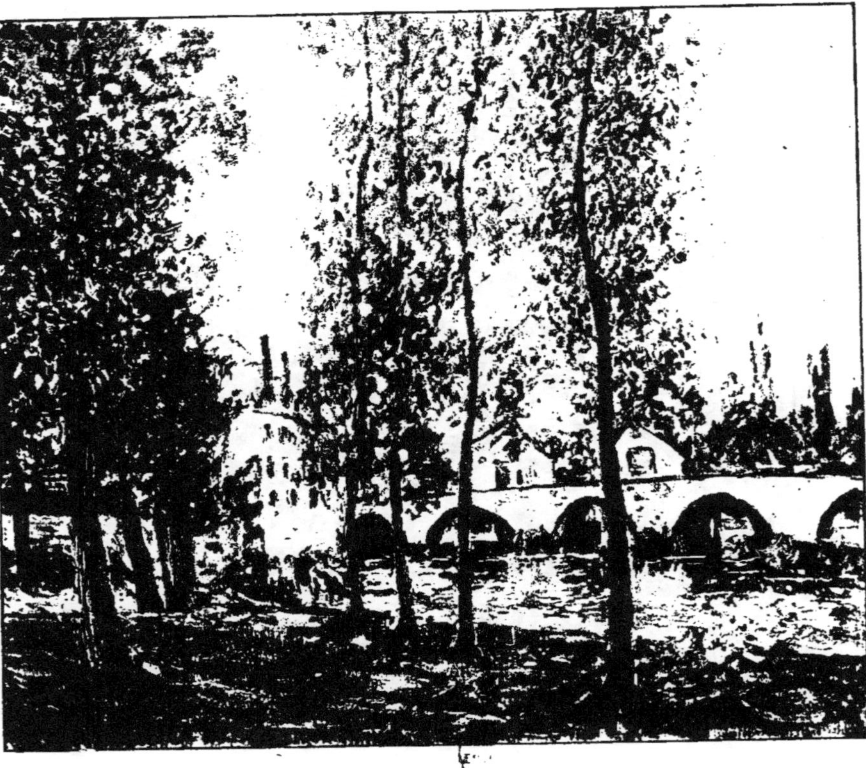

9 — SISLEY. *Matinée d'été, à Moret.*

ZIEM

10 — *Un Jour de fête à Venise.*

Dans le canal étroit, bordé de hautes maisons, décorées de drapeaux et d'oriflammes, claquant joyeusement au vent, s'avance une gondole brune, montée par un seul batelier.

A droite, d'autres barques, amarrées au pied des maisons, s'apprêtent à conduire en promenade les habitants, que ce beau jour de fête et le ciel bleu appellent au dehors.

Au fond du canal, on voit l'église Saint-Marc et les bâtiments de la Douane, baignés d'une chaude lumière dorée.

Signé à gauche, en bas.

Panneau. Haut., 65 cent.; larg., 40 cent.

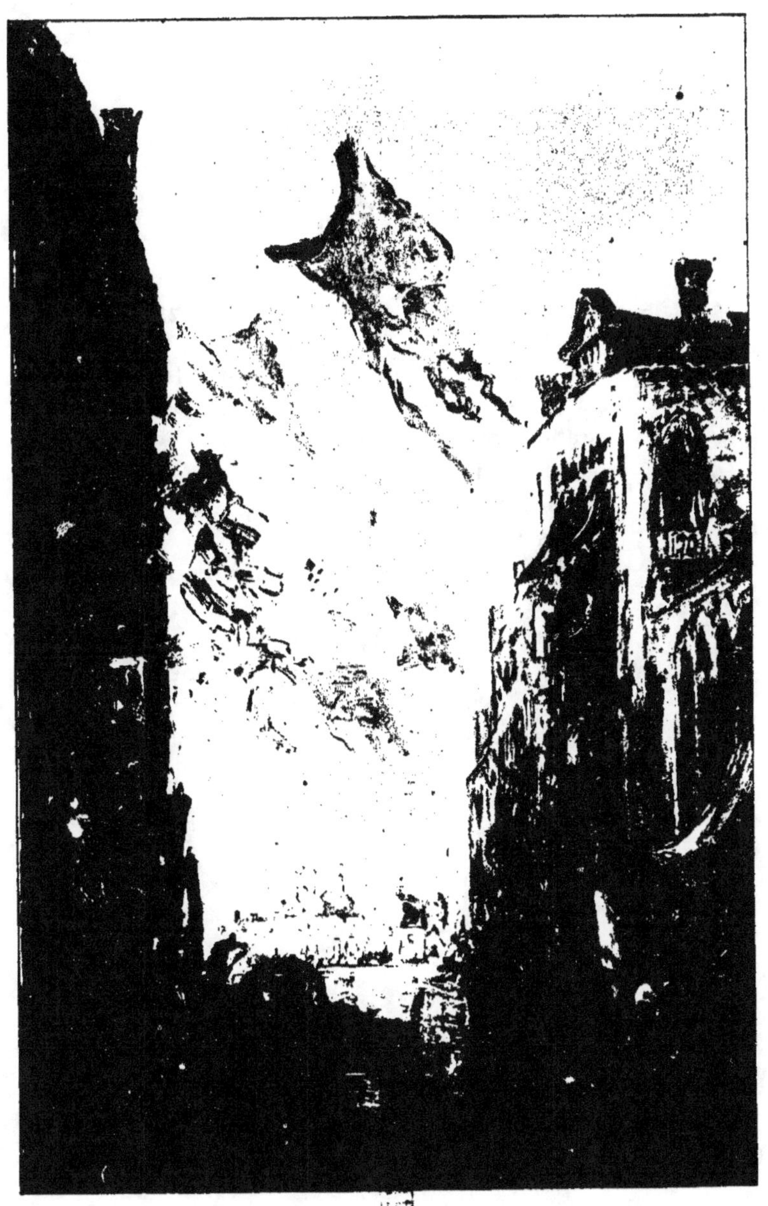

10 — ZIEM. *Un Jour de fête, à Venise.*

ZIEM

11 — *Le Jardin Français, à Venise.*

Au premier plan, les eaux tranquilles et transparentes du canal reflètent les masses dorées des grands arbres du Lido.

Au fond, la ligne des terrasses, au pied desquelles sont amarrées quelques felouques, aux voiles carguées.

A gauche, un autre bateau à la voile jaune ; puis, à l'horizon, le palais des Doges, le Campanile, et le lion de Saint-Marc.

Dans le canal, se livrant aux douceurs de la pêche, un batelier, à veste rouge, a arrêté sa gondole, près du sable brun, où viennent mourir les rares clapotis de l'eau.

Signé à gauche, en bas.

Haut., 41 cent.; larg., 64 cent. 1/2.

ZIEM

12 — *Lever de lune sur le Grand Canal.*

Au ciel bleu, où courent quelques rares nuages.
resplendit le croissant de la lune, dont la lumière
blanche accroche des reflets sur les maisons
qui bordent le canal.

A gauche, de hautes constructions, dominées
par le Campanile et le dôme de Saint-Marc ; à
droite, l'horizon embrumé, puis la silhouette
brune de quelques barques, aux voiles déployées.

Au premier plan, une gondole, conduite par
un batelier, fend, de son étrave, les eaux azurées
du canal.

Signé à gauche, en bas.

Panneau. Haut., 45 cent. 1/2 ; larg., 62 cent.

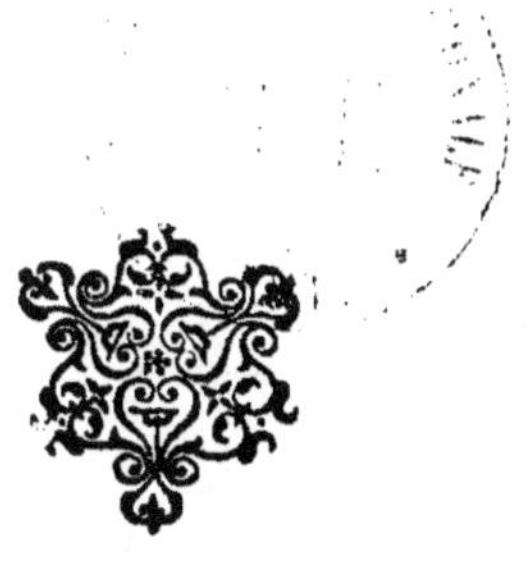